Andreas Knapp

Brennender als Feuer

Geistliche Gedichte

Brennender als Feuer

Geistliche Gedichte
von Andreas Knapp

Mit einem Essay von
Bischof Manfred Scheuer

echter

In der Spurweite Jesu

wer bin ich

von Geburt an
das Fragezeichen ins Gesicht geschnitten

mein Name wie ein anonymer Steckbrief
vom Wind in den Sand geschrieben

Adresse im Niemandsland
zwischen Wunsch und Wirklichkeit

Passbild im Hochglanz
doch die Augen bleiben matt

kein Spiegel
zeigt mein wahres Gesicht

nicht passendes Puzzle
aus widerstreitenden Gefühlen

ein gejagter Jäger
mich selber suchend und fliehend zugleich

die Summe meiner Eigenschaften
geht nicht auf

Maske um Maske
entblättert meine Blöße

zerrissenes Ebenbild
eines um mich bangenden Gottes

wer bist du

schon immer erwartet
wie eine große liebe
und doch ganz anders

dein name ein fremdwort
das sich selber übersetzt
hinein in unser fleisch und blut

du bist das gottgesättigte wort
und zugleich für unsre armen worte
gottes offenes ohr

von den großen klein gemacht
hast du doch
die kleinen groß gemacht

den habenichtsen dieser erde
bist du der künder
eines freien himmels

einheimisch im heiligen geheimnis
ziehst du alle zu dir hin
die sich selber in der fremde sind

angesichts deiner
leuchtet das göttliche antlitz
menschlich sichtbar

mein wahres ansehen
empfange ich
allein durch deinen blick

du schaust mich an
also
bin ich

wo wohnst du

eingeboren in den
stallgeruch der wohnsitzlosen

im zugigen verschlag
hält sich keine nestwärme

kindvertraulich unter den schriftgelehrten
in gottes haus ganz wie daheim

von hilfesuchenden verfolgt
bis auf den beteberg der nacht

unverstanden im elternhaus
und doch geschwisterreich unter dem väterlichen himmel

von haus zu haus
als zechkumpane der geächteten

endlich ein ort das haupt anzulehnen
doch der balken ist blutig

beigesetzt im grab eines andern
und auch das nur vorübergehend

grenzgänger über alles hinaus
wegbereiter ins unermessliche

komm und sieh

ein blick
und du gehörst
nicht mehr dir selber

von nun an empfängst du dich
aus angeschaut werden
augenblick um augenblick

das herz an ihn geschmiegt
lockt der staub der straße
mehr als das dach überm kopf

denn in seinen spuren
reichen deine schritte
über jeden gesichtskreis hinaus

und brennender als feuer
wirst du
in seiner nähe

Entschuldigungen

Ein Mann veranstaltete
ein großes Festmahl
und lud dazu viele ein.
Aber einer nach dem andern
ließ sich entschuldigen ...
(Lk 14, 16.18)

du verstehst
ich habe einen Acker erworben
und ich soll alles wieder verkaufen
um deines Ackers willen
in dem vielleicht
gar kein Schatz vergraben ist

du begreifst
ich bin nun Herr über fünf Gespanne Ochsen
und ich soll die Zügel wieder loslassen
um deines Joches willen
das mir vielleicht
gar nicht so süß schmeckt

du entschuldigst
ich habe eine Geliebte gefunden
und ich soll auf die Heirat verzichten
um deines Reiches willen
was ja vielleicht
gar nicht zu fassen ist

armut

innere leere
bläht das äußere auf
und braucht viele masken

die wahrheit ist nackt
und ohne umhüllungen nur
spürst du die hautnähe gottes

je ausgeleerter die hände
umso empfänglicher
für das unverdiente

niemanden besetzen
damit der andre sich
aus freien stücken geben kann

nichts besitzen
um von nichts mehr
besessen zu sein

nicht alles haben
alles lassen können
macht reich

gehorsam

auf wen hörst du
wem gehörst du

wer nur sich selbst gehört
hat sich schon verdammt
zur eigenhölle
lebenslänglich

dass du umsonst geliebt bist
aus deinem eigenen munde gehört
taugt nicht
es muss dir gesagt werden

und du musst es hören
und dem wort der liebe
zitternd gehorchen

liebend wirst du
nichts mehr wollen
in einsamem eigenwillen
vielmehr alles wollen
um der liebe willen

und nicht mehr gilt
mach was du willst
nur noch
antworte der liebe
und tu
was sie will

ehelosigkeit

der platz neben mir
nein er ist nicht mehr frei
er ist schon besetzt
ich halte ihn frei
für einen andern

der exklusive platz in mir
der einmalige platz der großen liebe
nein er ist nicht mehr frei
er ist reserviert
ach einem andern

der aufgesparte platz
immer noch leer wie eine offene wunde
wie gerne würde ich
all mein Erleben teilen
mit einem andern

leerstelle in meinem herzen
an wen kann ich mich lehnen
meine augen sind so müde
vom warten und weinen
wo bleibst du

von der Keuschheit die frei macht

eine Bilderbuchlandschaft
leichten Fußes durchwandern
und dabei nicht von Grundstückskauf
und Hausbau träumen

größere Freude dabei empfinden
eine blühende Blume
stehen zu lassen
als sie zu pflücken

in absichtsloser Freundschaft
Beziehungen so leben können
dass kein Besitzanspruch
sich heimlich einschleicht

des anderen Geheimnis
nicht begreifen suchen
sich aber ganz ergreifen lassen
und doch nicht verschmelzen

lieben ohne zu klammern
freigiebigste Berührung
umarmen und
loslassen zugleich

freiheit

der drache der freiheit
braucht verlässlichen halt
um mit den wilden winden
tanzen zu können

ohne feste bindung
würde er jählings
in die tiefe stürzen
und am boden zerschellen

binde deine freiheit
an die lange leine gottes
sie allein gibt halt
ohne dabei festzuhalten

sie ist wie ein sicherndes seil
das niemals fesselt
denn in der freigabe
erweist sich gottes macht

konkurrenzlose Liebe

bitte
versuche nicht
durch mich hindurch
Gott zu lieben

es ist
Gottes nicht würdig
ihn hinter einer person
zu lieben

es ist
meiner nicht würdig
mich als sprungbrett
zu Gott zu gebrauchen

ich will nicht bloß
die brücke sein
über die hinweg
du zu Gott gelangen willst

liebe
einfach mich
ganz und gar hingegeben

selbstvergessen
wisse nichts mehr
von dir noch von Gott

sei aber gewiss
dass du dich vergessend
in die augen Gottes fällst

denn er IST die liebe

gemeinschaft

am hellsten tage noch
sind wir wie in nächtlichen räumen
auseinanderstrebende sterne
und bräuchten doch
der anderen wärme
um nicht in sinnloser ferne
einsam zu verglühen

nähe aber reibt
und nur liebe
gibt das unsäglich weiche
das nach dem abschaben
der schale noch bleibt
nicht der nacktheit preis

an den grenzen des andern
überschreitest du dich selbst
und an seiner größe
wächst du über dich hinaus

in seiner fremdheit
spiegelt sich dein eignes dunkel
und durch die kälte des raumes
gehen wir einander entgegen
auf einer brücke aus licht

Noviziat

es ist der kleine Alltag
der dich einführt
in dein Leben
wie ein Novizenmeister

Tag für Tag
weiht er dich tiefer ein
in das Mysterium
von Schmerz und Glück

nicht alles geht
nach deinem Kopf
und vieles läuft dir
wider Willen

und grausam eingerissen wird
der Tempel deiner Selbstbildnisse
unbelügbare Entziehungskur
all deiner Süchte

du kannst nicht alles meistern
entthront wird deine Souveränität
und du begreifst dass du
nicht deines Lebens Herr bist

wenn du aber alles Kleine liebst
und deine Armut noch umarmst
so wird das Leben dir
zum stillen Freunde werden

Gelübde

nein
ich hab mich nicht versprochen
denn mein Versprechen gilt
in ihm bin ich es selber
mein Wort und ich sind eins

Treue ist wie eine Wurzel
die hinabreicht bis
ins Grundwasser der ersten Liebe
und in dieser Tiefe
Halt und Nahrung findet
wo ich verwurzelt bin
da stehe ich

und das Gelübde
ist kein Konservierungsmittel
vielmehr ein belebendes Ferment
das die stets wandelnde Geschichte
von innen zu verwandeln sucht
durch Sinn und Richtung
damit das Leben nicht
wie ein zerschellter Krug
in Bruchstücke zerfällt
sondern ein Ganzes wird
und ich ganz werd in ihm

Treue

die Vernunft nennt mir
schon lange
keine Gründe mehr

nach dem Kältetod der Gefühle
bleibt in mir
nur gähnende Leere

selbst die Erinnerung
an Hochzeiten der Begeisterung
ist wie ausgebrannt

keine Belohnung von außen
und kein Beifall der andern mehr
selbst ihres Verstehens verlustig

nackte Nacht
des bloßen Bleibens
über die Schmerzgrenze hinaus

und dennoch harre ich
denn ginge ich
ich wäre nicht mehr ich

askese

nur die beschnittene rose
blüht aus gesammelten kräften

nur die gestutzte rebe
wirft alles in die traube

nur der zurückgezweigte ast des ölbaums
trägt satte oliven

nur der im schmerzlichen scheiden
entschiedene weg führt wirklich weiter

du aber willst wild wachsend
in alle richtungen streben

doch nur gebündelt kannst du dich entfalten
und schon im blühen fruchtbar sein

opfer

kein leichthändiges hergeben
aus deinem überfluss
mit gönnerischer miene

das opfer wird dir abverlangt
es geht an die substanz
schweigend und tapfer musst du geben

du kannst es nicht
auf einen andern schieben
es trifft jetzt unvertretbar dich

und keinerlei anspruch auf schadensersatz
oder aufwandsentschädigung
es winkt dir keine belohnung

das letzte wird von dir gefordert
es geht jetzt ums ganze
es geht ganz um dich

und deine lebenszeit ist der altar
auf dem du dich verbrennst
in die dunkle nacht hinein

Buße

du brauchst
kein Büßerhemd
und keine Geißel
das Leben selbst kasteit dich
und jeder Tag legt dir
seinen Bußgürtel an

immer wird dir
etwas vorenthalten
aus möglicher Fülle
immer musst du
dich zurücknehmen
an der Grenze des andern

nicht das
in heimlichem Stolz
frei Gegebene
macht das Armwerden
so schwer
sondern das dir
wider Willen Entrissene

und mehr als alle
selbstersonnene Bußübung
zählte es
könntest du in dem
dir aufgegebenen Schweren
Gottes geheimnisvoll wirkende Hand
noch verehren

Fasten

dass du nicht da bist
das ist mein Fasten

die Abwesenheit des Bräutigams
das Scheitern der Pläne
das Vermissen Gottes
Fastenzeit des Herzens

jeder ist seiner selbst so voll
pathologisches Übergewicht des
Sichwichtignehmens
Selbstgesättigtheit der Seele
Gott aber kann sich uns nur schenken
im Maße unsres Hungers nach ihm

gib dem Ehrgeiz keine Nahrung mehr
bläh das Selbstbild nicht mehr auf
dann lockert die Allsucht den Giergriff
Abmagerung der Ichpotenz
und es wird Raum
für der Liebe Freilassung

mach dich also dünn
damit Weite wächst
in der dir alles zufällt
leicht wie ein Geschenk

hölle

jeder baut sich
seine eigene hölle
und bewohnt sie
ganz allein

eingesargt in dich selber
die panikverriegelung
ist nur von innen
zu öffnen

ewiger kreisverkehr nur um dich
stolzer rückzug in das schneckenhaus
wo selbstverliebtheit
endlos dich verbrennt

Bekehrung

nicht mehr rotieren
um den eigenen Bauchnabel
kopernikanische Wende
Ego-Dezentralisierung

mich gänzlich überlassen
der Anziehungskraft deiner Liebe
im Blick auf dich
finde ich meine Bahn

nicht vor dem Spiegel bleiben
mich einfach umdrehen
die große Wende
du stehst hinter mir

versöhnung

denn immer
verwunden wir doch
zugleich auch
uns selber

und nur
am anderen
werden wir wieder
heiler uns selbst

der wiedergefundene blick
reicht weiter
als jede im fernrohr
geschaute galaxie

und selbst die sterne
empfangen ihr licht
aus dem leuchten
versöhnter augen

neuanfang

nie mehr
klopfst du
an dieselbe tür

deine wunden aber
wandern noch lange
mit dir

zerbrochene träume
haften wie kletten in den kleidern
beschwerlicher von tag zu tag

bekehre dich nach vorn
von dort her kommen
arme weit dir entgegen

in ihnen geborgen
verwandelt sich
alles

die letzten dinge

nur ich
ganz ohne dich
das ist die hölle

der schmerz
dich nicht genug geliebt zu haben
das ist mein fegefeuer

du
und alles in dir
ist unser himmel

Gebet und Hingabe

Gebetszeiten

der Takt macht die Musik
auch Beten braucht Rhythmus
denn im Gebet

trittst du
in den großen Kreislauf
der stillen Sterne

wiegst du dich
in den Gezeiten
des Mondes

berührst du
den Pulsschlag
des Universums

pendelst du ein
in die Schwingungen
der Moleküle

reihst du dich
in den Reigen
der Elektronen

wohnst du
in der regelmäßigen Ankunft
des nie säumigen Meeres

blühst du
in der Verlässlichkeit
des Frühlings

ruhst du
an der atmenden Brust
Gottes selbst

Stundengebet

Sonntag erste Woche erste Vesper
Herr ich rufe zu dir eile mir zu Hilfe
Schrei zu Gott im Wochenrhythmus
wie Leuchtziffern markieren
die Psalmen deinen Tag

Montag zweite Woche Lesehore
in deiner Hand liegt mein Geschick
in den Grauschleier des Gewöhnlichen
hineingewoben der goldene Faden Gottes
der niemals abreißt

Freitag dritte Woche Terz
mein Gott warum hast du mich verlassen
das Drama wiederholt sich
im Stundengebetstakt
und jedes Jahr ist Karfreitag

Samstag vierte Woche Laudes
wie gut ist es dir zu danken
an den Perlen und Tränen des Alltags
entlanggehen wie an einer Gebetsschnur
Ehre sei dem Vater Sohn und Heiligen Geist

Laudes

Lob dem
der den Morgen
für dich weckt

wie ein Wunder
wenn wir wieder wach werden
nach todschwerem Schlaf

im Morgengrauen kommen
alle Farben wieder
aus dem nächtlichen Versteck

deine Träume aber
bleiben zurück
am Ufer der Nacht

wenn nach Schreckstunden des Dunkels
der Morgen die Augen aufschlägt
geh ihm singend entgegen

erwache ins Lob
und das Lob weckt dir die Welt
dass sie dir singe

Vesper

was du heute gesehen hast
überschau es noch einmal
im wärmenden abendlicht

nichts gelebtes geht verloren
immer nimmst du innen
alles erinnert mit dir

perfektion und erfolg
mögen dein tagwerk beenden
doch nur der dank vollendet alles

selbst was missglückt ist und zerbrochen
wird im liebevollen rückblick
noch verwandelt und versöhnt

und in der abenddämmerung des sterbens
zählt am ende nur ob du dein leben
ganz im licht der liebe sehen kannst

nocturn

nachts
wenn lebensangst
das schattenspiel des schreckens
an die wände wirft

nachts
wenn die von schmerz und tränen
zu tode ermatteten
keinen schlaf finden

nachts
wenn versinkende sterne
das große sterben
leise ankünden

dann
stehe auf
nachts

und wache aus der ferne
mit den von alpträumen verstörten
mit den nach schlaf dürstenden
mit den ins dunkle sterbenden

wache und warte
bis die stille sich
wie ein teppich auf die klagende erde legt
und schreite leisen fußes
in die mitte der nacht

und im herzen der nacht
wache und wage es
dein herz zu verschenken

lectio divina

löse das Sternensiegel
und öffne das Buch
in dem die heiligen Worte
dunkel leuchten

wie glühende Fossilien
von erloschenen Feuern
in denen Propheten einst
die Worte geschmiedet

von deinem Atem behaucht
erwachen sie wieder
wie an aller
Wortschöpfung Anfang

schau in jede Seite
wie in einen Spiegel
so als läsest du
deine eigene Biographie

und je mehr dein Leben
in den Text verwoben
verwandelst du dich
in Gottes heiliges Buch

silentium religiosum

schwer ist der schritt
über die schwelle des schweigens

dem steinschlag der worte entrinnen
dem nebelfeld der gefühle entsteigen
bis auf lärmenthobenem gipfel
der blick sich nach innen weitet

und leiser
als der angehaltene atem
hörst du die stille
wie einen unendlichen nachklang
einer vor allen zeiten
angeschlagenen glocke

hellstes hinhören
auf das unaussprechliche
ganz der gegenwart
gewärtig

Bildbetrachtung

versenk dich in den Glanz
der des Unsichtbaren
Abglanz ist

nicht im Spiegel
in Seinem Bild
siehst du dich wirklich

geh Ihm nie mehr aus den Augen
sieh dich endlos satt
in Ihm bist du im Bilde

Sein Blick fällt dir ins Auge
verbrennt das falsche Selbstbildnis
Er will sich dir einbilden

nimm dich selbst zurück
bis du durchsichtig geworden bist
und Durchblick gibst auf Ihn

denn wer für Licht
ganz durchlässig geworden ist
wird selbst zu Licht

Bittgebet

Beten ist das Dach der Welt
das bis in den Himmel reicht
denn Gott lässt mit sich reden

in der Erstickungsgefahr deines Innern
kannst du hörbar aufatmen
bis zu Gott hinauf

das Unerhörte deines Lebens
findet ein offenes Ohr
und dein Bittgebet ist schon Erhörung

denn bittend bist du doch bereits
mit deinem Gott
auf du und du

und ist nicht
ER
dein alles

Anbetung

im Labyrinth der Gedanken
den roten Faden finden
zur goldenen Mitte

das Knäuel der Gefühle
entwirren lassen
zur Hellsicht der Liebe

dich dem beherrschenden Fremden
und allen Symbiosen entwinden
vor keinem Abgott knien

denn alle Götzen
binden dich so
dass du ihnen verfällst

und nur die Anbetung
die dich frei macht
gilt wirklich Gott

Realpräsenz

am blühenden Baum
nicht entatmet vorüberhasten
einen Augenblick lang
stehen und staunen

den duftenden Kaffee
nicht gedankenlos hinunterstürzen
einen Schluck lang
schmecken und kosten

die Stimmen in mir
zum Schweigen bringen
um ganz Ohr zu sein
wenn du mir erzählst

nicht im Vergangenen verbleiben
nicht ins Künftige auswandern
ganz hin und weg sein
und darin ganz da

leben
in der reinen
Gegenwart
sie ist Gottes

eucharistie

messefeier
unermesslich

schuldvergebung
unentgeltlich

gottesworte
unausschöpflich

freundesgabe
unausdenklich

abschiedsworte
unvergesslich

brotgemeinschaft
unaufhörlich

friedensbrücke
unzerbrechlich

lebensquelle
unbegreiflich

geistesfeuer
unauslöschlich

segenswege
unvergänglich

priesterlich

den mund
geliehen
Seinem wort
und mit
deinen händen
bricht Er
das brot

seine ausstrahlung
geht durch dich hindurch
doch nur im maße wie
du dir selbst genommen bist

wohin aber
mit deiner angst
vor solcher
selbstenteignung

doch Seine freundschaft
lebt auch deine angst
für dich

zum Grunde gehen

absteigen
immer tiefer hinab
bis in das Nachtland
wo dich kein Verstehen
mehr erreicht

ausklingen
in das schwere Schweigen
bis alle Gefühle
wie aufgesogen sind
vom Strudel der Leere

abstürzen
in ohnmächtiges Dunkel
und alles vorgetäuschte Leben
an dem du festklebst
sterben lassen

enteignen
dich dir selber
um ledig zu sein
für das reine Warten
auf den Kuss des Wortes

hingabe

ausbrechen
aus dem gefängnis
der gedankengebäude

taumeln
ins licht ohne angst
dabei zu verbrennen

springen
vom angstturm
in das bergende blau

versinken
in der spielvergessenheit
der kinderaugen

tanzen
in der schwerelosigkeit
des freien falls

verschmelzen
der augenblicke
ineinander

dasein
ganz außer mir
und ganz in dir

ekstase

könnt ich doch aus meiner haut
mich hinreißen lassen
gänzlich mich vergessen
völlig aus dem häuschen sein

aus mir selbst auswandern
aus der hand mich geben
und nichts mehr zurückbehalten
nicht gedanke noch gefühl noch traum

warum bleib ich nur
in meinem ich-gehäuse eingekerkert
auf mich selber festgenagelt
und in mich vernarrt

wie schwer mir doch
das lieben fällt
das ausgelassen sein
ganz aus mir selbst heraus

wer sich seiner jedoch selbst nicht stirbt
der bleibt ganz allein
vergiss denn also mit dir selbst
all deine ängste und verlasse dich

du findest dich wieder
ganz außer dir
an nichts mehr gebunden
und doch an alles gegeben

wage mutig den tauchsprung
in die schwebe des schweigens
wo liebe keiner worte mehr bedarf
nicht einmal des gefühls

präsenz in einer präsenz
ich bin ganz da bei dir
der du für mich ganz da bist
diese gegenwart genügt

Die Heiligen

Brandwundmal

der vom Geistfeuer Ergriffene
brennt ohne zu verbrennen
und wer ihm zu nahe kommt
fängt selber Feuer

Gotteserfahrung macht einsam
schmerzlicher Abstand klafft zu den andern
es gibt keinen Austausch
das Innigste ist unteilbar

unsichtbar gebrandmarkt
ausgesondert und auserwählt zugleich
gezeichnet fürs Leben
und darüber hinaus

so brennt die Wunde
weiter und weiter
und kann nur geheilt werden
durch das Feuer selbst

die Kontemplativen

alles braucht sein Gleichgewicht
weit sich aus dem Fenster lehnen
kann nur der den jemand an den Füßen hält

am sensibelsten jedoch
ist das ökologische
Gleichgewicht der Gnade

wer nach Kosten/Nutzen rechnet
für den sind stille Klöster überflüssig
im Verborgenen jedoch sind sie es
die die Welt in der Balance halten
denn alles Laute braucht das Leise
um nicht sinnlos zu verlärmen
selbst die großen Worte auf den Kanzeln
sie bedürfen jener deren Schweigen sich für sie verbürgt

die Tagaktiven laufen deshalb nicht ins Leere
weil des Nachts sich Mönche zum Gebet erheben
und sich Eremitinnen
in die große Stille wagen
alles äußerliche Treiben in der Kirche
wäre nichtig und vergebens
gäb es nicht die Betenden
die die Innenseite leben

denn uns allen
die der Erde ganz verhaftet sind
halten sie den Himmel frei

die Heiligen

die von Liebe erfüllt wurden
fließen ihrer über
und versiegen nie

die dem Licht begegnet sind
das Leuchten bleibt
in ihren Augen

die Feuer gefangen haben
stecken auch noch andere
in Brand

die von innen durchglüht sind
sie strahlen die Wärme
auf alle aus

die aber ihren Leuchtspuren folgen
holen sie nicht ein
und gehen doch ins Licht

Franz von Assisi

vogelpredigt

wohin zugvogel
welchen windes fliegst du

vaterlandsverloren
über alle gewohnheitsgrenzen hinaus
bis in die träume des papstes
und an des sultans hof

wovon singvogel
erzählt dein nächtliches lied

von liebe die verrückt macht
und wenn die menschen
ihren ohren nicht trauen
so lauschen mir doch die vögel

warum wandervogel
liegst du nackt wie aus dem nest gefallen auf der erde

der tod umarmt mich schon
und doch besinge ich die güte dessen
der die vögel nährt
und fliege in seinen himmel heim

kindlicher Gehorsam

es ist vielleicht
nicht immer leicht
stets aber bequem
und bisweilen sogar feige
dem gehorsam zu sein
was mir zu tun
befohlen wird

unendlich schwer
aber ist es
dem gehorsam zu sein
was mir zu sein
erlaubt wird

ER gehorchte jener Stimme
die ihm entdeckte
du bist geliebter Sohn
und blieb ihr gehorsam
bis in tödliche Gottesferne

wer der Freiheit des Kindseins gehorsam ist
redet offen wie ein Kind
denkt unverstellt wie ein Kind
handelt frei wie ein Kind

höre denn auf dein Kindsein
und gehorche der Freiheit

arm sein

nur zugreifen
nur einatmen
nur festhalten
der reiche erstickt
am gierigen griff

er sucht die sicherheit
von schloss und riegel
und setzt sich doch
damit nur selbst gefangen

geld ist bloß
ein schein
die augen des freien aber
leuchten von innen

aller bemäntelungen entkleidet
bist du endlich
du selber

nicht mehr versteckt
hinter masken und mauern
bloß der nackte
ist berührbar
ganz und gar

wirst du
ichvergessen
dann empfängst
du dich

immer näher

bau mein zerbrochenes haus
wieder auf
du selber bist es

von allem entblößt
wirst du doch
wunderbar umhüllt

deine leere
verwandelt sich
in freiraum des empfangens

geh in meinen spuren
bis sie ganz
die deinen sind

und meine umarmung
verwundet und
heilt dich zugleich

der Wolf von Gubbio

denn jeder ist doch
dem andern ein Wolf
und vor lauter Angst
jagen wir einander Ängste ein

der verfolgte Verfolger
findet endlich zärtliche Hände
bei jenem Barfüßer
der unbewaffnet auf ihn zuging
und so den Teufelskreis
aus Aggression und Angst
gewaltlos brach

wie wirken wir doch
wechselseitig aufeinander
wie wäre es wenn wir versuchten
statt Angst uns
mehr Vertrauen einzuflößen

das Kreuz von San Damiano

wenn deine Haut
mit allen Zitternden vibriert
und der Schmerz des andern
dein Inneres aufpflügt

wenn ein gequälter Blick
dir einen Stich versetzt
und du zu weinen beginnst
mit der seufzenden Kreatur

wenn Einfühlsamkeit
dich mit andern leiden macht
und der Angstschrei des Vogels dich rührt
und das Weinen eines Kindes

wenn jedes Kreuz
dein Mitleid weckt
und zu dir spricht
wie der Gekreuzigte selbst

der aussätzige

geh nicht vorüber
am flehenden bettler
übersieh nicht den befremdenden blick
er will dir etwas zeigen

geh nicht vorüber
an deiner eigenen fremdheit
überhör nicht den hilferuf in dir
er will dir etwas sagen

geh nicht vorüber
am dunklen zwillingsbruder
flieh nicht deinen schatten
er will dir etwas geben

du bist nicht der starke held
in dir wohnen schamversteckt
enttäuschte liebe
gekränkte geschichte
hässlicher aussatz

und blicken dich an
wie aus weinenden bildern
raunen dir zu im weltschmerz des abends
klopfen leise an türen des traumes

steig herab vom stolzen pferd
umarme das verletzte kind
und küsse alles bittere mit zärtlichen lippen
und es wird dir geheimnisvoll
zur süße werden

wer so klein sein kann

der gernegroß hat abgedankt
du strebst jetzt nicht mehr hoch hinaus
und es genügt dir nun
dass du ein kleinod gottes bist

du fühlst dich anderen nicht überlegen
erhebst dich nicht mehr über sie
vom boden her berührst du ihre wurzeln
denn wer ganz unten ist der spürt den grund

so wird dein kleinsein nun zur größe
denn kinderhände sind es doch
die selbst im winzigsten
den unfassbaren noch berühren

und weil du dir für nichts zu schade bist
kann selbst das unscheinbare für dich leuchten
und wirst du aller lebewesen
kleiner bruder

Ignatius von Loyola

Pamplona

und aus der Traum

kein Waffenheld
kein Frauenheld
kein Ritt
auf der Kanonenkugel
nur Fieberträume
um das zerschmetterte Bein

Wundschmerz
weckt dich
und bringt dich
auf den Geschmack
der Wirklichkeit

hinkend
folgst du ihr

der Pilger

nicht mehr eingeschlossen
von der Wunschwelt im Stammschloss
herunter vom hohen Ross
zu Fuß nur und doch
entschlossen zur Ferne

mit der Muschel am Ohr
hörst du das Rauschen
deiner Sehnsucht Brandung
das gelobte Land aber
liegt diesseits des Meeres

durchlaufene Schuhe nur
führen dich ins Unbegangene
Wanderer zwischen Fernsicht und Heimweh
Grenzüberschreiter
ins immer mehr

Warten in Venedig

viel zu leichtschauklig die Gondel
für so weitreichende Pläne
warte also auf ein Schiff
das dich fortträgt
aus der versinkenden Stadt
zum fernen Ziel Jerusalem

ein Jahr geht übers Meer
und kein Segel in Sicht
die Augen tränen
vom Ausschauen ermattet

jetzt zwingt das Leben dich
in eine neue Spur
ihr folgend findest du
die dir gnädige Stadt

wunschlos glücklich

ich verdank mich
einem DU

DU bist
mein tragendes Prinzip
mein festes Fundament
mein klares Licht
in dem sich
alles andere erhellt

Krankheit und Armut
kann ich nie
indifferent begegnen
Tod und Leben
sie können mir niemals
gleichgültig sein

wenn aber DU
mein ein und alles bist
und so mein ganzes Glück
wunschlos werde ich
und frei
zur Liebe

Exerzitium

Übung
nähert dich
dem Meister

begib dich
auf die große Reise
hin zu Ihm

wandere mit Ihm
durch deine
inneren Welten

umarme Ihn
mit allen
deinen Sinnen

und du wirst Ihn
im Alltag
selig wiedererkennen

dein Leben
in Seines verwoben
Er genügt

Unterscheidung der Geister

wie im Straßengewirr der Großstadt
schreien auf meinem inneren Marktplatz
tausend Stimmen wie irr durcheinander

locken mit Sonderangeboten
drohen mit Gesichtsverlust
zerren mich her und hin

wie aber
unter den vielen Parolen
Dein Wort noch finden

die Stimmen wollen etwas von mir
Du willst mich

die Stimmen trachten mich zu beherrschen
Du bist das Wort das frei macht

die Stimmen verführen in die Entfremdung
Du führst mich zu Dir und mir zugleich

die Stimmen flüstern mir ein was ich brauche
Du rufst mich dorthin wo ich gebraucht werde

die Stimmen suchen zu überreden
Du überzeugst mich ins Leben

Zwiesprache mit dem Gekreuzigten

unwiderstehlich
die Anziehungskraft
ausgebreiteter Arme

was dir schon alles gestorben ist
schau es an im Angesichte
seines Sterbens

im Brennspiegel des Kruzifixes
siehst du plötzlich dich in ihm
ihn in dir

alles Versteinerte
schmilzt im
mitschweigenden Schmerz

denn Liebe
reift nur
unter Tränen

die gabe der tränen

wie erstarrt
im ewigen eis
die urtränen der kindertage
doch feuchte augen nur
bezaubern mit ihrem glanz

wie versteinert
in vertrocknetem bachbett
die unterdrückten freudentränen
doch nah am wasser nur
fruchtet der lebensbaum

wie aufgestaut
hinter mauern aus angst
das ungeweinte leben
doch getröstete tränen nur
bewässern die wüste zum blühen

wie verloren
in der weite des meeres
die heimlichen tränen der nacht
doch Er bewahrt sie alle
denn Er weint sie mit dir

Gott finden

in allen Dingen
den Unbedingten suchen

vor allen Dingen aber
ist Gott selber es
der dich
in allen Dingen sucht

bedingungslos

O. A. M. D. G.

mehr
und mehr
und immer mehr

je mehr
der heißhunger entgrenzt ist
umso spiraliger treibt er dich ins maßlose

nur mehr
der richtung umkehr
kann dich retten

nicht mehr
in zwanghaftem ehrgeiz
aus eigenwillen

vielmehr
in freier liebesverschwendung
um SEINETwillen

nunmehr
alles zu Gottes
größerer Ehre

omnia
ad maiorem
Dei gloriam

mehr noch
alles IHM
zu liebe

omnia
amoris
causa

Charles de Foucauld

der Abenteurer

fernwehtrunken

wie eine verbotene Frucht
verlockt das verschlossene Königreich
und verführerisch leuchtet
das Weiße auf der Landkarte
verkleidet und einem Führer anvertraut
Erforscher unbegangenen Landes
Triumph des Entdeckers

heimwehdürstend

nackt und allein aber
Wanderer durch die wunden Welten
und Wüsten der verlorenen Kindheit
Wegsucher in der Wildnis der Gefühle
und in der Sehnsucht Dickicht
terra incognita
als verheißenes Land

Durst nach Wüste

die Wüste hats dir angetan
unhörbar lockt ihr Fernruf
dich aus innerer Enge
in die Weite des Sandes

im großen Schweigen der Landschaft
gelten keine Parolen mehr
und alles Laute in dir verstummt
Reinigung der Lärmverschmutzung

die Stille heilt alle Wortwunden
das zerrissene Trommelfell
wächst wieder zusammen
dein Ohr findet wie nach Hause

und du beginnst zu hören
dass das Lautlose keine Leere ist
das Schweigen ist vielmehr bewohnt
von einem leisen Geheimnis

das auf dich wartet
und in dir erwacht
unstillbar der Durst
nach Gott

die Lehre der Wüste

die Leere der Landschaft
bringt alles ins rechte Lot
du stehst nicht mehr im Mittelpunkt
die Wüste beachtet dich nicht
du bist ganz klein
ein verlorenes Sandkorn
wie im Winde verflogen

die Klarsicht des Himmels
rückt alles ins rechte Licht
du sonnst dich nicht mehr im Scheinwerferkegel
die Sterne drehen sich um ferne Zentren
und dein blauer Planet
ein winziges Staubkorn
wie vom Weltall vergessen

die Weite der Wüste
schenkt allem das rechte Maß
du lebst nicht mehr im Größenwahn
der Erlöser der Welt ist ein anderer
du bescheidest dich als Mensch
Gott allein ist groß
alle Anbetung gilt nur noch ihm

gelassen

aussteigen
aus dem Kreiselspiel
um den eignen Nabel

ausbrechen
aus den Spiegelsalons
des Extravaganten

keine ruhelosen Streifzüge mehr
auf dem Feld der Ehre
dir einen Namen zu machen

Jesu Name allein
gereiche dir nun
zur Ehre

lerne das Lassen
gib dich aus der Hand
ganz in die seine

nicht verkrampfte Selbstbeherrschung
nur die Herrschaft Gottes
macht dich wirklich frei

und nicht zwanghaftes Geben
sondern Empfangenkönnen
das ist Gnade

in extremis

du stürzt dich
in die Welt
sie auszukosten
bis aufs Letzte
doch es bleibt
ein fader Nachgeschmack

du flüchtest
aus der Welt
um Gott zu finden
am letzten Platz
doch die Klausur
wird dir zu eng

du gehst zu Fuß
bis ans Ende der Welt
zu einem gottverlassenen Volk
und entdeckst dort zuletzt
den Gottesglanz der Welt
und das Menschenantlitz Gottes

der letzte Platz

wo niemand dich haben will
wo dich keiner erwartet
wo man dich nicht versteht
wo es nicht zum Aushalten ist
wo kein Mensch hin mag

nur fehl am Platz
auf verlorenem Posten
ortlos zwischen allen Stühlen
wortlos zwischen allen Sätzen
Niemandsland der Hölle

der über allem Thronende aber
hat diesen letzten Platz gewählt
das äußerste Exil am Kreuz
von der Erde verstoßen
vom Himmel hängen gelassen

kein Ort ist nunmehr gottlos
und selbst der allerletzte Platz
wird nun von ihm bewohnt
Gott ist wirklich alles in allem
allüberall

der Eremit

alle Wege führen
in die Wüste
dort verweht der Wind
das Äußere
nackt stehst du vor dir selber
fröstelnd in der zugigen Hütte
deines Herzens

bewohne deine innere Einöde
werde heimisch in allen Verwerfungen
deiner Seelenlandschaft
bleibe bei dir
über die Angstschwelle hinaus
lasse dich nieder
unter des Gebetes Obdach

jetzt bist du nur noch du
finde das Wort für deinen Hunger wieder
der dich menschlich macht
folge aus dem Allerlei
dem Weg ins Eine

nicht mehr fremdbewohnt
sondern zu dir selbst bekehrt
heimgefunden ins Daheimnis

und wenn du wieder auswanderst
in des lauten Lebens Lärm
bleibe innen eingesiedelt
in IHM

Gastfreundschaft

deine Arme
weit ausgebreitet
zum Empfang

dein Ohr eine Tür
dein Herz ein Haus
dein Haus ein Licht
und deine Augen leuchten
wie eine ins Fenster
gestellte Kerze
ich wärme mich auf
an deinem Blick

eine Nacht lang
findet das einsame Streunen ein Ende
an einem gedeckten Tisch
du hast mich schon immer erwartet

bei dir
endlich angekommen
bei mir

im Aufbruch
schaust du mir länger nach
als deine Augen reichen

deine Arme
weit ausgebreitet
zum Segnen

Bruder aller Menschen

von Kinderschuhen an ein Einzelgänger
seine Bücher waren
seine besten Freunde

ausgelassene Feste feiern
einsam aber schmeckt
die Nacht nach dem Rausch

der Draufgänger und Lebemann
will gesehen und bewundert werden
sieht aber nicht die andern

Lust an Kampf und Gefahr
Schule der Kameradschaft
doch diese gilt nur dem eigenen Lager

mit der großen Entdeckung seines Lebens
dass Gott der Vater aller ist
beginnt die Suche nach Geschwistern

der Eigenbrötler von einst
bricht sein Brot jetzt
mit den vielen

nicht mehr Nation und Religion
nicht Gene oder Blut
stiften die Verwandtschaft

weil sein Herz jetzt dem gehört
der sein Blut für alle gab
wird auch er zum Bruder aller

gescheitert

du gehst aufs Ganze
aber wohin

so viele Reisen
und kein Ankommen

Pläne und Projekte
in den Sand gesetzt

du baust ein Wüstenkloster
und keiner geht hin

Ideale und Träume
verwehen wie Flugsand

deren Bruder du geworden bist
verraten und ermorden dich

das Evangelium wolltest du leben
sterbend bist du selber eines geworden

denn in deinem Zerbrechen leuchtet
der Glanz des gebrochenen Brotes

mitten in der Welt

unser Stadtviertel
ist unser Kloster
und die belebten Straßenkreuzungen
sind unser Kreuzgang
unsere Klosterwerkstätten
sind die Fabriken
und unsere Gebetszeiten
werden von der Stechuhr diktiert
unsere Fürbitten
stehen in der Zeitung
die Probleme der Nachbarn
hören wir als Tischlesung
und ihre Lebensgeschichten
sind unsere Bibliothek
die Gesichter der Menschen
sind die Ikonen die wir verehren
und im leidgezeichneten Antlitz
schauen wir auf den Gekreuzigten

Nachfolge Jesu, Streben nach Heiligkeit, Ordensleben und die evangelischen Räte Armut, Keuschheit und Gehorsam werden gegenwärtig gesellschaftlich massiv in Frage gestellt. Sie sind großteils unverstanden, werden an den Rand gedrängt und isoliert. Sie stehen unter Ideologieverdacht, d. h. unter dem Vorwurf, einem falschen Bewusstsein zu dienen, die wirklichen Triebkräfte des Handelns zu verschleiern und zu überhöhen. Die Vorwürfe lauten: Wer so lebt, ist einem dualistischen Weltbild verfallen, verharrt in der Unmündigkeit und verweigert sich gegenüber Autonomie und Emanzipation. Andere Schlagworte sind: Leibverachtung, Verteufelung der Sexualität, Abwertung der Ehe, Dämonisierung der Frau. Psychologische Vorwürfe richten sich gegen unreife Motivationen, gegen verkrüppelte Formen des Lebens, gegen Beziehungsängste und Kontaktunfähigkeit. Zudem wird gefragt, ob bei diesen Menschen nicht ein garstiger Graben zwischen Gottes- und Nächstenliebe, zwischen »ganzen« und »geteilten« Christen aufgerissen wird: Ist denn Gott eifersüchtig und neidig, dass er in der Hinwendung zu Mann/Frau eine Konkurrenz wittert, dem Menschen keine Lebensfreude gönnt und ihm die Lust an der Freiheit vermiest?

Und doch bildet sich christliche Identität gerade im Wagnis der Nachfolge Jesu, und doch waren die Orden Kundschafter in spirituellen, sozialen und kulturellen Entwicklungen, und doch stehen die Heiligen im Brennpunkt von Kirche. Die Gesellschaft und die Kirche wären ärmer, oberflächlicher und kälter, wenn es keine Menschen mehr gäbe, welche die Nachfolge Jesu in Armut, Ehelosigkeit und Gehorsam verleiblichten. Ohne Gebet wird Leben auf Dauer banal, resignativ und sinnlos, ohne Kontemplation machen sich Vergiftungserscheinungen in der Arbeit und auch in zwischenmenschlichen Beziehungen breit. Ohne das in den Herzen brennende Feuer des Evangeliums würde die christliche Botschaft vielleicht noch auf ein moralisches Kommando reduziert oder auf ein abstraktes Gedankengebäude verflüchtigt.

Dabei darf Nachfolge Jesu in Armut, Ehelosigkeit und Gehorsam nicht isoliert werden. Sie ist in ein dynamisches Bezugsfeld einzubinden. Als Form und Konkretion kommunikativ verfasster Freiheit und als Symbol des Reiches Gottes deuten die Gelübde den Bezug des Menschen zu sich selbst, zu seiner tiefsten Sehnsucht nach Gott und zu seiner letzten Erfüllung in Gott. Sie sind hineingenommen in die vielfältigen Formen zwischenmenschlicher Kommunikation wie gegenseitige Annahme und Freigabe, wie Wahrnehmung, Einsatz, Solidarität, Beanspruchung und Kritik, sie sind Verwirklichung von Liebe und Freiheit und nehmen zugleich an diesen ihr Maß. Sie thematisieren schließlich die Struktur und die konkrete Verwirklichung der Beziehung des Menschen zu Gott. Sie haben ihr Maß am »universale concretum« des Bundes Gottes mit den Menschen, an Jesus Christus, der das Reich Gottes in Person ist. Von der Menschwerdung Gottes her dürfen wir Gott nicht als einen denken, »der tötet, um selber lebendig zu werden, ... dessen Wesen und eigentliche Absolutheit alles Endliche ›vampirhaft‹ in sich aufsaugt und verschlingt« (Karl Rahner). Von da her darf Nachfolge Jesu nicht auf Weltverneinung und nicht auf der Negation des Menschen mit seiner Freiheit aufbauen. Bei aller Betonung des Verzichtcharakters geht es letztlich nicht um Weltflucht, sondern um die in Entfremdung, Verblendung und Sünde durchgehaltene Liebe zur Welt. Vom Kreuz Jesu her sind die evangelischen Räte in die universale Solidarität und Versöhnung Gottes mit der Welt hineingenommen. Das Kreuz ist Konsequenz der Hinwendung und Liebe Gottes zur Welt. Zugleich ist das Kreuz

Krisis und Gericht über die Welt. Die Gelübde stehen als Zeichen des Kreuzes in der Spannung zwischen Solidarität und Krisis, zwischen Versöhnung und Gericht. Nachfolge birgt die Sprengkraft des Kreuzes in sich, denn wir tragen das Todesleiden Jesu an unserem Leib (2 Kor 4,10f.). Wenn sich Christen in der Nachfolge Jesu von der Gesellschaft, von Moden und Trends unterscheiden, so ist das kein Ausdruck elitärer oder arroganter Auslese. Vielmehr geht es um eine freiheitsstiftende Provokation und um die Realisierung von konkreter und universaler Versöhnung, die auch die Abgründe des Elends, der Gemeinheiten und Bosheiten erreicht.

Nachfolge Jesu darf nicht zu einer billigen Flucht in eine ort- und weltlose Zukunft verleiten, sie weist in den universal solidarischen Aufbruch mit der Welt auf Gottes Zukunft hin ein. Wer wirklich und wahrhaft auf Gott hofft, springt aus der Gegenwart nicht ab. Es geht um eine »erdenschwere Hoffnung«, es geht um »die Rose im Kreuz der Gegenwart«, die man nur pflücken kann, wenn man bereit ist, »das Kreuz selbst auf sich zu nehmen« (G.F.W. Hegel).

»Die Ros' ist ohn' Warum / sie blühet, weil sie blühet/ sie acht nicht ihrer selbst / fragt nicht, ob man sie siehet« (Angelus Silesius). Der ursprüngliche Grund für ein Leben in der Nachfolge Jesu liegt im nicht ableitbaren, nicht vom Menschen und seinen Bedürfnissen her entwerfbaren und nicht von außen zu begründenden Ruf Gottes, der unmittelbar am Menschen wirkt. Dieser Ruf Gottes hat letztlich seine innere Stimmigkeit, seine Evidenz und Plausibilität in sich selbst. Die Leidenschaft für Gott, die Freude am Reich Gottes, das mit dem Schatz im Acker und der kostbaren Perle verglichen wird (Mt 13,44–46), die Freundschaft mit Jesus (Joh 15,15), sind für den, der sie erfährt, in sich evident. Der ›Grund‹ für ein Leben in der Nachfolge Jesu liegt in der »Grundlosigkeit«, im zweckfreien Umsonst der Liebe.

Das personale Verhältnis zu Gott darf nicht bloß innerlich, individualistisch oder privat enggeführt werden. Die Liebe zu Gott soll nicht mit einer Abwertung der Welt und der Gemeinschaft verknüpft sein. Wer erkannt hat, dass »Gott allein genügt« (Teresa von Avila), wird zugleich Gott in allen Situationen, in allen Ereignissen, in allen Begegnungen suchen und finden (Ignatius von Loyola). Die Dankbarkeit Gott gegenüber führt in die Communio der Kirche, in die Gemeinschaft mit den Armen. Das Maß christlicher Kommunikation ist durch Jesus selbst vorgegeben. Er lebt vom Vater her und auf den Vater hin, er lebt auf den je größeren Gott hin, er identifiziert sich mit den Geringsten und führt so in die Gemeinschaft mit dem je kleineren Gott.

Nur von da her wird auch das kritische und befreiende Potential von Armut, Ehelosigkeit und Gehorsam gegenüber dem »Willen zur Macht« deutlich. Die Gelübde sind dann eine greifbare Form des Widerstands gegen die »Diktatur des Habens«, gegenüber der Vergötzung des Kapitals, gegen eine auf bloßem Tausch basierende Kommunikation. Sie erhalten ihr Profil als Hoffnungsträger im Gegenüber zu Erwartungslosigkeit und Resignation. Nachfolge wird zur Korrektur einer Ausblendung Gottes angesichts der Leidenden, wie auch zur Kritik von unkommunikativen Verkürzungen von Freiheit und Emanzipation. Im Ordensleben wird eine positive und lebensbejahende Alternative zu Entfremdungen durch falsche Lebensstile, zu oberflächlichen, entzauberten, geheimnislosen und gottlosen Banalisierungen menschlichen Lebens vorgelebt. Insofern ist das Ordensleben als prophetisches Zeugnis für unsere Welt, dass diese nämlich nicht sich selbst genügt, unerlässlich und trägt daher zum Aufbau einer humaneren und gerechteren Gesellschaft bei.

Manfred Scheuer

INHALT

Die Heiligen

ANDREAS KNAPP, geboren 1958 in Hettingen (Baden); Priester; nach der Promotion langjährige Tätigkeit in der Hochschulseelsorge und in der Priesterausbildung in Freiburg. Er lebt zur Zeit bei den »Kleinen Brüdern vom Evangelium«.

Von Andreas Knapp sind bisher erschienen:

»Weiter als der Horizont. Gedichte über alles hinaus«
6. Auflage 2009 (echter Verlag)

»Tiefer als das Meer. Gedichte zum Glauben«
3. Auflage 2009 (echter Verlag)

»Gedichte auf Leben und Tod«
2. Auflage 2009 (echter Verlag)

»Höher als der Himmel«
1. Auflage 2010 (echter Verlag)

MANFRED SCHEUER, geboren 1955, wirkte unter anderem als Spiritual im Priesterseminar von Linz und als Professor für Dogmatik in Trier. Im Jahr 2003 wurde er zum Bischof von Innsbruck erwählt.

Bibliografische Information der Deutschen Nationalbibliothek

Die Deutsche Nationalbibliothek verzeichnet diese Publikation in der Deutschen Nationalbibliografie; detaillierte bibliografische Daten sind im Internet über <http://dnb.d-nb.de> abrufbar.

6. Auflage 2012
www.echter-verlag.de
Umschlag und Satz: Peter Hellmund
Druck und Bindung: Friedrich Pustet GmbH & Co. KG, Regensburg
ISBN 978-3-429-02624-0